Inhalt

Ordnen und nachschlagen

1 Verbinde zuerst die Buchstaben des ABC in der richtigen Reihenfolge.
Wenn du es richtig gemacht hast, entsteht ein Tier. Male es an.

2 Schreibe das ABC zuerst mit großen
und dann mit kleinen Buchstaben auf.

A B C

a b c

3 Trage die fehlenden Buchstaben ein.

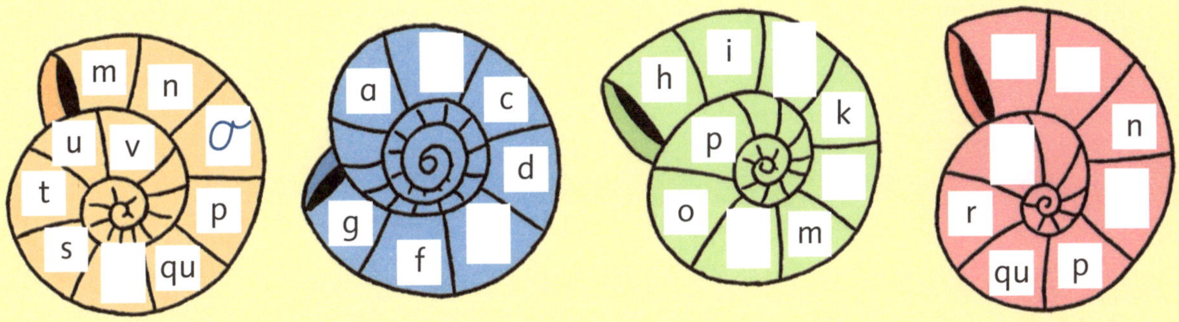

4 Wirf die Buchstabenbälle in die richtige Kiste.

5 Ordne die Wörter von jedem Zettel nach dem ABC.

Katze	Lama	heute	Garten
Hund	Affe	leise	neu
Esel	Hase	Blume	Gabel
Bär	Schaf	Tisch	Wasser
Zebra	Pferd	rot	laut

Bär

Silben schwingen

1 Schwinge die Wörter. Zeichne unter jedes Wort einen Silbenbogen ◡ oder zwei Silbenbögen ◡◡.

Löffel

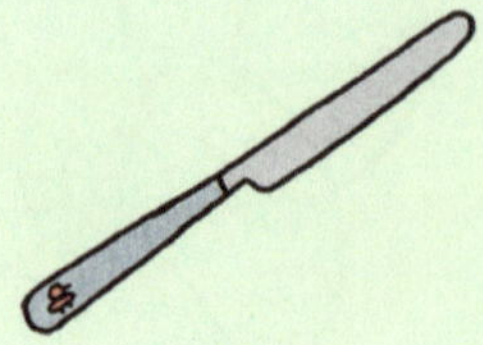

Messer

Teller

Glas

Blech

Dose

Strohhalm

Kelle

2 Schreibe die Wörter unter die Bilder. Zeichne Silbenbögen.

Form

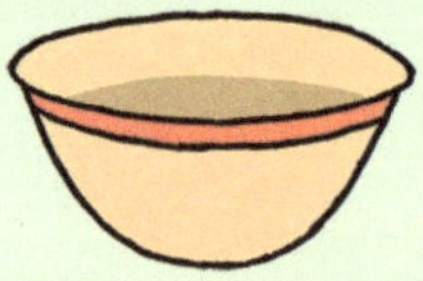

3 Schwinge die Wörter.
Zeichne Silbenbögen unter die Bilder.

4 Trenne die Wörter in der Wörterschlange.

5 Schwinge die Wörter aus der Wörterschlange.
Ordne sie in die Tabelle.

◡	◡◡
Haus	

Silbenkönige: Vokale

1 Markiere die Silbenkönige in der passenden Farbe.

Dach | Zug | Topf | Dorf | Rost

a o u

Ast | Nacht | Hund | Schal | Buch

2 Zeichne Silbenbögen unter die Wörter.
Markiere die Silbenkönige.

Bach

Helm

Fisch

Bank

Heft

Wolke

Tafel

Blume

Buch

Handtuch

3 Schreibe in jede Silbe den passenden Silbenkönig.

R e g ___ n   S ___ nn ___   T ___ b ___   W ___ nn ___   P ___ pp ___

4 Zeichne unter jedes Wort Silbenbögen.
Markiere die Silbenkönige in der passenden Farbe.

Nagel   Kirche   Drachen   Pinsel   Samen

a e   i e

Ritter   Name   Dame   Piste   Laster

5 Setze die fehlenden Vokale ein.

El e fant   Nilpf ___ rde   Ping ___ in   Schmett ___ rl ___ nge

G ___ r ___ ffe   Kr ___ k ___ d ___ l   Leop ___ rden   R ___ genw ___ rm

6 Schreibe die Wörter mit beiden Vokalen auf. Finde ein eigenes Wortpaar.

B(a/u)ch – Bach

P(u/a)ppe

H(a/o)se

M(a/i)tte

St(i/e)rn

Silbenkönige: Doppellaute

1 Markiere im Text die Doppellaute farbig: au, ei, eu.

Die Maus Meike macht heute
eine kleine Reise zu einer Baustelle.
Auch ihre Freunde Zeus und Paul sind dabei.
Sie fahren mit dem blauen Lastauto mit.
Sofort schleichen die drei sich an die Baugrube heran.
Sie staunen, wie groß hier alles ist.
Da stolpert Zeus über eine Schraube und ruft laut:
„Aua, das wird eine Beule."
Die Bauarbeiter schauen sich um und entdecken die Freunde.
Die Mäuse rennen fort und verstecken sich hinter einem Bauzaun.
Was für eine Aufregung!

2 Ordne die Wörter mit Doppellauten.

au: *Maus,*

ei: *Meike,*

eu: *heute,*

3 Schreibe jedes Wort mit dem richtigen Anfangsbuchstaben.
Markiere die Doppellaute und setze Silbenbögen.

L/G aus — Laus

T/B eute

D/R eiter

H/S eife

B/W aum

H/Schl eife

B/R eule

R/S eis

4 Schreibe die Wörter. Markiere die Doppellaute.
Findest du weitere Wörter mit **ei**, **au** oder **eu**?

Taube

5 Wo hörst du Doppellaute? Schreibe die Wörter. Markiere die Doppellaute.

Zauberer,

Wörter mit ie

1 Schwinge die Wörter. Zeichne Silbenbögen.

tief	Liebe	Knie	Bienen	Tier
hier	viele	Wiese	Friede	
Spiel	wiegen	Liege	sie	wie

2 Ordne die Wörter aus Aufgabe 1 in eine Tabelle. Markiere **ie**.

ie	ie e
tief	Liebe

3 Schreibe unter jedes Bild das richtige Wort. Markiere **ie**.

Spiegel			

4 Suche zu jedem Wortanfang das passende Ende.
Markiere **ie**.

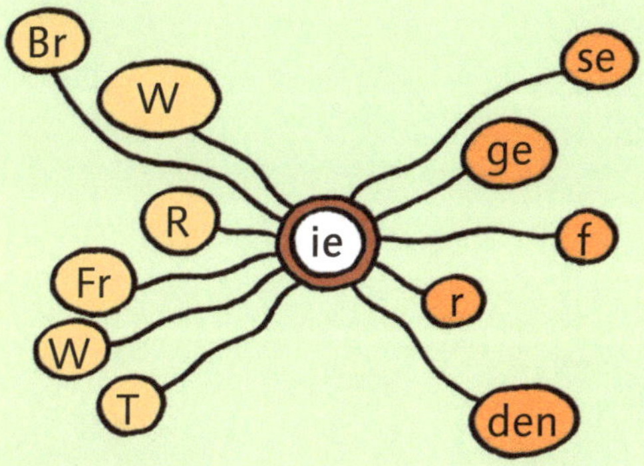

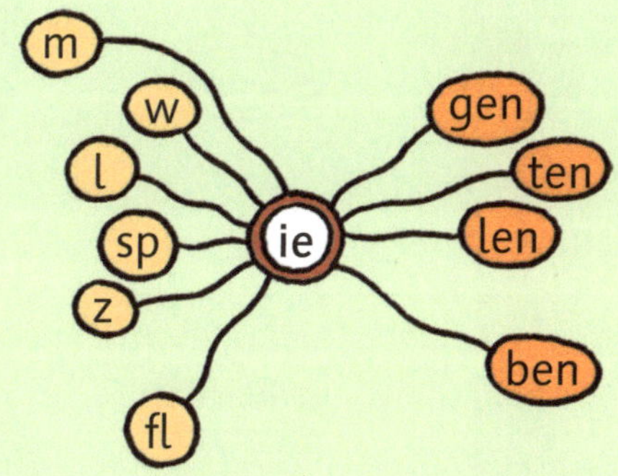

Brief,

5 Kurz oder lang? Setze **i** oder **ie** richtig ein.

Sp i nnen krabbeln über die W ie se.

K ___ nder wollen beim Sp ___ l gew ___ nnen.

F ___ sche l ___ ben d ___ cke Würmer.

Prinzessinnen l ___ gen auf weichen K ___ ssen.

Die l ___ be Oma braucht eine Br ___ lle.

6 Schreibe Sätze mit möglichst vielen **ie**-Wörtern.

Wörter mit doppelten Konsonanten

1 Trage die richtigen Konsonanten ein.

  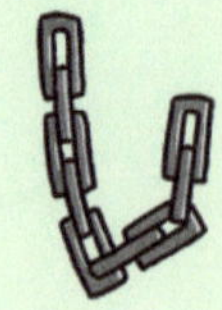   

Qua ll e   Te ___ er   Ke ___ e   Ze ___ el   So ___ e   Wa ___ e

To ___ e   Wa ___ e   Bä ___ e   Ra ___ e   Ka ___ e   We ___ e

2 Ordne die Wörter in die Tabelle.
Markiere die doppelten Konsonanten.

ll	nn	tt
Qualle		

3 Finde die passenden Silben. Male sie in der gleichen Farbe an.
Schreibe die Reimwörter untereinander auf.

las   Tas   fas   of   Map   Kas   hof   Kap

sen   fen   pe   se   fen   sen   pe   se

lassen			
fassen			

4 Würfle und trage die Würfelpunkte ein. Schreibe die Wörter.

⚀ dünne	⚀ Beine
⚁ helle	⚁ Sterne
⚂ sonnige	⚂ Tage
⚃ stumme	⚃ Fische
⚄ schnelle	⚄ Autos
⚅ fette	⚅ Schweine

⚂ ⚀ sonnige Beine

5 Schreibe die passenden Verben über die Silbenbögen.

knallen • kommen • wetten • küssen • summen
tippen • trommeln • stellen • sammeln

knal len
a e

i e

o e

u e

e e

ü e

o e

e e

Wörter mit Sp/sp und St/st

1 Setze die richtigen Anfangsbuchstaben in die Blumen.
Schreibe die Wörter auf.

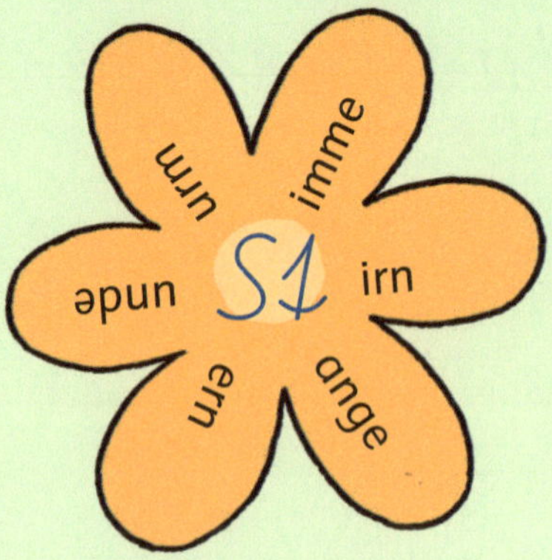

Sturm

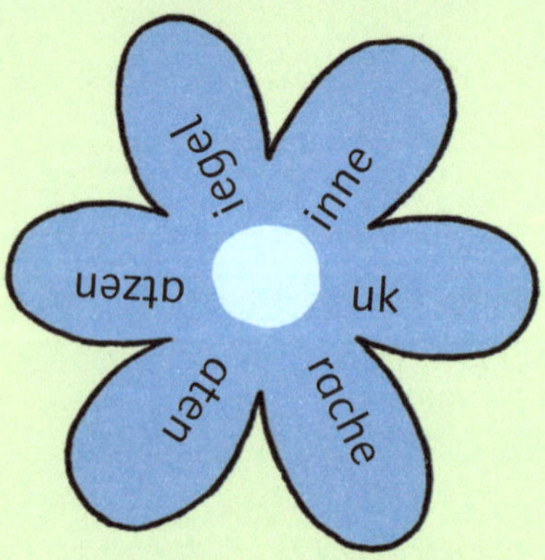

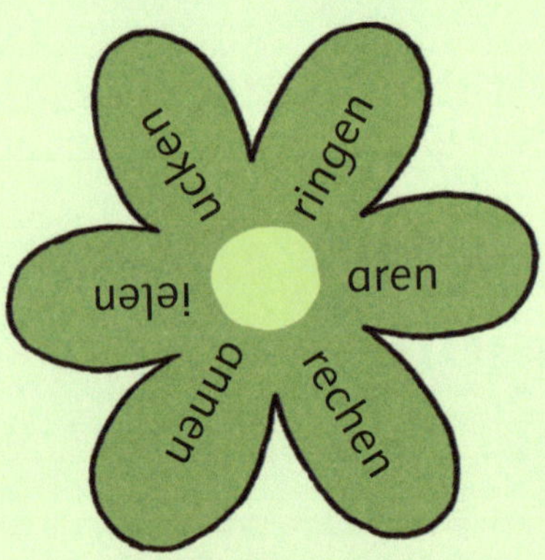

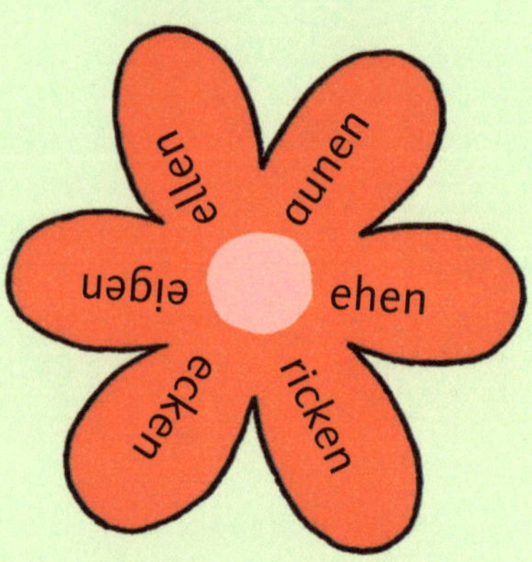

2 **Sp/sp** oder **St/st**? Ergänze die passenden Anlaute.
Schwinge die Wörter und zeichne Silbenbögen.

Sp inne — ritze — iel — ein — ange

ark — ill — ortlich — itz — ät

3 Schreibe Sätze. Verwende möglichst viele Wörter mit **Sp** oder **St**.

4 Finde passende Reimwörter mit **sp** oder **st**.

holpern	dampfen	zucken
stolpern		
zielen	**zeigen**	**sehen**

5 Entziffere die Wörter. Schreibe sie richtig auf.

Spiegel	sparsam	Stelzen
Spiegel		
stumpf	**sprechen**	**Stimme**

Verlängern: Wörter mit b, d, g

1 Zähle und schreibe auf, wie viele du siehst.

Berg – 3 Berge

Pferd –

Kleid –

Korb –

Zwerg –

Kind –

Hund –

Dieb –

2 Schreibe zu jedem Wort die Verlängerung.

ein Feld – viele Felder

ein Land – viele

ein Lied – viele

ein Stab – viele

ein König – viele

ein Tag – viele

ein Sieb – viele

ein Band – viele

3 Schreibe die Verlängerung. Streiche den falschen Buchstaben durch.

Kal b/~~p~~	Kälber	Klei d/t	
Ban k/g		Ta k/g	
We k/g		Stran d/t	

4 Finde zu jedem Wort ein passendes Nomen. Markiere **b**, **d**, **g**.

blind • rund • gelb • lieb • spannend • mutig

der blinde Mann,

5 Schreibe die Lösungswörter ins Rätselgitter. Markiere die schwierigen Stellen.

Er hat vier Beine und kann bellen.	Hund
Du kannst auf ihm reiten.	
Er steht nachts am Himmel.	
Ein sehr kleines Männlein ist ein …	
Meine Zähne putze ich mir im …	
Seine Mama ist eine Kuh.	
Eine Sandburg baue ich am …	

Ableiten: Wörter mit ä und äu

1 Trenne die Wörterschlange durch Striche. Finde möglichst viele Wörter.

2 Schreibe die Wörter aus der Wörterschlange auf.
Schreibe zu jedem Wort die Mehrzahl. Markiere **a** und **ä**.

Bank –

3 Schreibe die Einzahl. Markiere **äu** und **au**.

Zäune – Zaun

Bäume –

Mäuse –

Läuse –

Bäuche –

Fäuste –

Träume –

Räume –

4 Schreibe die Verkleinerungsformen.

Taube – Täubchen

Hase –

Kalb –

Maus –

Affe –

Katze –

5 Unterstreiche im Text, was im Zwergenland klein ist.

Im Zwergenland wohnt Zwerg Kasimir
in einem kleinen Häuschen.
Dahinter ist ein Gärtchen mit einem Zäunchen.
Drei Bäumchen tragen im Herbst rote Äpfelchen.
Kasimirs beste Freunde sind ein schwarzes Häschen,
ein weißes Gänschen und ein graues Kätzchen.

6 Finde zu den Wörtern mit **ä** und **äu** verwandte Wörter mit **a** und **au**.
Markiere **a** – **ä** und **au** – **äu**.

Häuschen – Haus

7 Versuche abzuleiten. Setze **ä/äu** oder **eu** ein.
Ableitungswörter kannst du im Kasten kontrollieren.

Im Gebäude befanden sich n___n R___ber.
Sie r___mten drei K___sten und alle n___en
Schr___nke aus. Da im Kamin ein F___er brannte,
w___rmten sie sich daran. Plötzlich hörten sie ein Ger___sch.
Der st___rkste R___ber ballte die F___ste und erkl___rte:
Ich bin der St___rkste und kann gut k___mpfen, ich sehe nach.
Er verschwand in die anderen R___me und sch___mte
vor Wut, als er dort nur ein M___schen entdeckte.
Derweil waren die anderen R___ber blitzschnell
mit der B___te nach Hause gegangen.

stark
Kasten
Kampf
Schrank
rauben
Faust
bauen
rauschen
warm
klar
Maus
Raum
Schaum

Wörter mit V und v (M)

1 Finde Wörter mit **V** oder **v**.
Kreise jedes Wort ein. Schreibe es in die Zeilen.

Ü	P	U	L	L	O	V	E	R	C
A	S	U	G	U	H	J	K	L	G
V	O	L	L	M	O	N	D	M	K
P	Ü	L	I	U	Z	T	R	E	W
D	V	O	R	M	I	T	T	A	G
F	L	V	S	D	F	G	H	N	B
C	V	E	R	K	E	H	R	S	Ä
B	F	U	X	O	B	N	M	Y	X
R	D	F	F	X	K	U	R	V	E
A	B	X	M	Y	A	S	E	R	T
V	I	E	L	E	K	W	F	V	D

Pullover

2 Schreibe zu jedem Bild ein Wort.
Alle Wörter beginnen mit **V**. Markiere **V**.

Ventil

3 Setze die Verben richtig in die Sätze ein. Markiere **vor**- und **ver**-. Ein Wort bleibt übrig. Schreibe mit dem Verb einen Satz.

verraten • vorlesen • verlaufen • vorsagen • verstehen • verpacken

Ich möchte Papa eine Geschichte vorlesen.

Ich ______ dir ein Geheimnis.

Morgen ______ ich ein Geschenk.

Ich ______ dich nicht.

Bei einem Test darf ich dir nicht ______.

______

4 Ordne die Zahlwörter. Schreibe sie in der richtigen Reihenfolge auf.

vierzehn • vierzig • viertausend • vierundvierzig • vier • vierhundert

vier,

______

5 Setze die Silben zu langen Wörtern zusammen. Schreibe sie auf.

Va ding le nil pud scheu Vo che gel Kin pul lo ver der Kla tas tur ta vier

Vanillepudding,

______

Wörter mit Dehnungs-h (M)

1 Schreibe die passenden Lösungen in das Rätselgitter.

Die Schnecke hat zwei …	F	ü	h	l	e	r		
Man hat zwei davon und hört damit.			h					
Es legt Eier.			h					
Man braucht es zum Kuchenbacken.			h					
Sie unterrichtet euch.			h					
10 ist eine …			h					
Er kräht am Morgen.			h					
Ich muss sie jeden Tag putzen.			h					

Huhn • Fühler • Zähne • Zahl • Mehl • Hahn • Ohren • Lehrerin

2 Schreibe die Nomen mit ihrem Artikel auf. Markiere das Dehnungs-**h**.

die Fühler,

3 Bilde Nomen mit **Fahr**. Schreibe jedes Nomen mit dem Artikel auf. Markiere in jedem Wort das Dehnungs-**h**.

Fahr – er / stuhl / rad / zeug / karte / t

der Fahrer,

4 Bilde Wörter mit den Wortbausteinen. Markiere das Dehnungs-**h**.
Schreibe die Nomen mit Artikel auf.

Aus er über Ge Rück ab ge Ein	fahr fähr	en t lich

die Ausfahrt,

5 Bilde Sätze. Verwende in jedem Satz Wörter aus einem Kasten.

Zahnarzt
bohren
Zahn

Frühling
blühen
Löwenzahn

Fahrrad
fahren
Führerschein

Nomen

1 Kreuze alle Nomen an, die du auf dem Bild siehst.

- [x] Spitzer
- [ ] Brot
- [ ] Apfel
- [ ] Schere
- [ ] Brille
- [ ] Glas
- [ ] Bleistift
- [ ] Kreide
- [ ] Schultasche
- [ ] Magnete
- [ ] Trinkflasche
- [ ] Heft
- [ ] Brotdose
- [ ] Stundenplan
- [ ] Radiergummi
- [ ] Banane
- [ ] Tafel
- [ ] Messer

2 Was hast du in deiner Schultasche? Schreibe die Nomen auf.
Markiere alle großen Anfangsbuchstaben.

3 Trenne die Nomen und schreibe sie auf.
Markiere alle großen Anfangsbuchstaben.

Schule,

4 Ordne die Nomen in die passenden Spalten.
Finde noch weitere passende Nomen.

Tante Mutter Hase Katze Stall
Blume Vater Kaktus Gras Freund Junge
Maus Kiste Zaun Busch Stein Vogel

Menschen	Tiere	Pflanzen	Dinge
Tante			

5 In jeder Zeile sind drei Nomen versteckt. Unterstreiche die Nomen.

TEE MERKEN SCHLECHT KEKS TORTE
MILCH BUTTER HOLEN SALAT NEU
BREIT TÜR FENSTER GEBEN WAND
AUTO FAHREN AMPEL LEUCHTEN SCHILD

6 Schreibe die Nomen von Aufgabe 5 richtig auf.
Markiere die Anfangsbuchstaben.

Tee,

Artikel

1 Male alle Dinge blau aus, zu denen der Artikel **ein** passt.

Korb

Birne

Drache

Kugel

Igel

Buch

Fahrrad

Tasse

Traube

Apfel

Haus

Auto

2 Ordne alle Nomen von Aufgabe 1 nach dem passenden Artikel:

der	die	das
Korb		

3 In jeder Zeile hat ein Nomen einen anderen Artikel als die anderen.
Streiche das Kuckucksei durch.

Blatt	Jahr	~~Regen~~	Gras
Erde	Kerze	Suppe	Keller
Teller	Wurst	Herbst	Tisch

4 Schreibe weitere solche Reihen mit einem Kuckucksei.

5 In jedem Satz steht ein Artikel vor einem Nomen.
Markiere den Artikel und unterstreiche das Nomen.

Um fünf Uhr beginnt das Kostümfest.
Anton ist der Vampir.
Die Zähne sind wirklich gruselig.
Die Hexe könnte Frau Meier sein.
Lissi, die Katze, wundert sich.
Was macht der Pirat dort draußen?
Der Sack ist für Süßigkeiten.
Später wird die Beute geteilt.

6 Schreibe vor jedes Nomen den Artikel **ein** oder **eine**.

ein	Teller		Gabel		Löffel
	Messer		Tischdecke		Glas
	Tasse		Becher		Brotdose

7 Was passt zu den Artikeln? Male es in die Rahmen.
Schreibe das Nomen darunter.

der/ein	die/eine	das/ein

Einzahl und Mehrzahl

1 In dem Gitterrätsel sind Tiernamen versteckt. Kreise sie ein.

A	R	O	B	B	E	K	S	V	B
V	C	F	G	U	L	Ö	W	E	M
A	G	I	R	A	F	F	E	J	W
Y	I	T	I	G	E	R	D	A	N
E	S	J	S	N	Z	E	B	R	A
L	B	Ä	R	Z	V	O	G	E	L
B	Y	X	N	A	S	H	O	R	N
E	L	E	F	A	N	T	S	E	O
A	L	F	N	A	F	F	E	Ä	R

2 Schreibe die Tiernamen von Aufgabe 1 mit Artikel in die Tabelle. Finde die Mehrzahlwörter.

Einzahl	Mehrzahl
die Robbe	die Robben

3 Setze passende Mehrzahlwörter ein. Verwende diese oder eigene:

Bücher • Sterne • Hefte • Schwestern • Äpfel • Vögel • Flugzeuge • Bananen

Am Nachthimmel sehe ich den Mond und die Sterne.

Im Ranzen habe ich ______ und ______.

Auf dem Platz stehen große ______.

Im Nest sitzen mehrere junge ______.

Zu Hause habe ich einen Bruder und zwei ______.

In meinen Obstsalat schneide ich ______ und ______.

4 Schreibe die Mehrzahlwörter von Aufgabe 3 in der Einzahl auf.

der Stern,

5 Rechne und ergänze die Sätze.

1 Haus hat 1 Dach. 4 Häuser haben 4 Dächer.

1 Auto hat 4 Räder. 3

1 Hand hat 5 Finger. 3

1 Käfer hat 6 Beine. 2

Zusammengesetzte Nomen

1 Bilde aus den Puzzleteilen zusammengesetzte Nomen.
Schreibe sie mit dem Artikel auf.

Sommer Märchen Topf Bett
Wasser Suppen Wetter Kanne
Puppen Kaffee ?? Buch

das Sommerwetter,

2 Trenne die zusammengesetzten Nomen durch einen Strich.
Schreibe dann beide Nomen mit Artikeln auf.

Sofa|kissen das Sofa + das Kissen

Fußball

Vogelfutter

Tierpark

3 Finde sinnvolle zusammengesetzte Nomen.

	Hand		Heim
Berg	Spitze	Tier	Futter
	Hütte		Papier
	...		...

die Bergspitze

Achtung, zwei Nomen passen nicht!

4 Schreibe zu jedem Bild ein zusammengesetztes Nomen.

das Vogelnest

5 Bilde zusammengesetzte Nomen. Markiere, was sich verändert.

Gurke • Blume • Arbeit • Hund • Geburt • Orange
Tag • Heft • Saft • Glas • Vase • Futter

das Gurkenglas,

6 Erkläre die zusammengesetzten Nomen.

Hamsterkäfig • Kuchenform • Futternapf

Ein Hamsterkäfig ist ein Käfig für

Verben

1 Finde Verben. Kreise sie ein.
Schreibe sie in die Zeilen.

G	H	W	S	C	H	L	A	F	E	N
A	S	I	C	B	S	W	L	U	P	A
L	G	Ä	H	N	E	N	B	M	R	F
E	L	B	R	Z	I	W	R	N	D	Ö
V	S	Z	S	C	H	R	E	I	E	N
N	R	Z	I	I	R	J	L	S	K	U
F	L	I	E	G	E	N	R	G	O	F
B	S	E	R	U	F	E	N	Y	Ö	E
V	S	K	O	U	S	U	C	H	E	N
D	F	R	E	S	S	E	N	E	S	W
G	R	A	B	E	N	Ö	A	N	N	C

schlafen

2 Setze passende Verben in die Sätze ein.

springen • klettern • baden • tanzen • fangen • knabbern

Das Pferd springt über ein Hindernis.

Die Katze ______ eine Maus.

Der Hund ______ auf zwei Beinen.

Das Eichhörnchen ______ am Baumstamm hoch.

Der Hase ______ eine Mohrrübe.

Die Vögel ______ in der Pfütze.

3 Schreibe die passenden Verbformen auf. Markiere die Endung.
Finde für die dritte Spalte ein eigenes Verb.

fragen • fliegen

ich	lerne	frage		
du	lernst			
er sie es	lernt			
wir	lernen			
ihr	lernt			
sie (alle)	lernen			

4 Unterstreiche in jedem Satz das Verb.

Ein Polizeihund verfolgt Spuren.
Ein Blindenhund hilft blinden Menschen.
Ein Zirkushund führt viele Kunststücke vor.
Ein Schlittenhund zieht Schlitten mit Menschen und Sachen.
Ein Wachhund bewacht das Haus.
Ein Lawinenhund sucht Menschen im Schnee.

5 Schreibe die Verben aus Aufgabe 4 so auf:

verfolgt – verfolgen,

Mit Wörtern beschreiben

1 Schreibe zu den Bildern passende Wörter. Verwende diese Wörter oder eigene:

schnell • bunt • saftig • heiß • fettig • hoch
teuer • lecker • reif • flüssig • salzig • spitz

flüssig

2 Finde die Gegensätze und schreibe sie in die passenden Zeilen.

heiß • hoch • viel • schnell • salzig

langsam • kalt • niedrig • ?? • ??

heiß

3 Setze passende Wörter ein.

neu • langsam • stark • dünn • groß

Heute weht ein starker Wind.

Tim ist mit seinem ________ Fahrrad unterwegs.

Er kommt nur ________ voran.

Leider hat er nur eine ________ Jacke an.

Der Wind bläst sie zu einer ________ Beule auf.

4 Was fehlt in dem Bild? Unterstreiche es in den Sätzen und zeichne es ein.

Bunte Blumen blühen hinter dem Zaun.

Auf der grünen Wiese stehen braune Schafe.

Am blauen Himmel sind dunkle Wolken.

Der dicke Mann trägt einen schwarzen Hut.

Das Haus hat zwei kleine Fenster.

Wortarten bestimmen

1 Male die Wörter einer Wortart mit der gleichen Farbe an.

2 Ordne die Wörter in die Tabelle ein.

Nomen	Verben	Artikel
Luft		

3 Setze passende Artikel ein.

Im Zoo

Gleich neben der Schule ist ______ Zoo.

______ Schulkinder schauen in der Pause

immer, was ______ Affen gerade machen.

______ Affenbaby sitzt am liebsten auf der

Schaukel. ______ anderen Affen kratzen sich am Kopf.

Heute gibt ______ Tierpfleger den Affen reife Bananen.

4 Unterstreiche in dem Text alle Nomen blau. Schreibe drei davon mit dem Artikel in der Einzahl und in der Mehrzahl auf.

5 Unterstreiche alle Verben rot. Wähle eines davon aus und schreibe es mit allen Personen auf (*ich, du, er, sie, es, wir, ihr, sie*)

ich

Wortstamm

1 Unterstreiche alle verwandten Wörter mit dem Wortstamm **lauf**.

Die Bauers sind mit dem Auto zum Wald gefahren. Auf dem Parkplatz ziehen sie ihre Laufschuhe an. Mama verteilt Trinkflaschen und sagt zu Timo: „Achtung, sie darf nicht auslaufen." Bello springt aus dem Kofferraum. Er muss an die Leine, damit er nicht weglaufen kann. Endlich geht es los. „Bleibt auf dem Weg, damit ihr euch nicht verlauft!", ruft Papa. Er läuft mit Max voraus. Die beiden sind gute Läufer.

2 Bilde Wörter mit dem Wortstamm **steck**.

an aus ver ein

stecken

Steck

er dose nadel brief

anstecken,

3 Kennzeichne alle verwandten Wörter mit der gleichen Farbe.

Vorspiel	Kaufhaus	mitspielen	Spielregel	Spieler	einkaufen
Würfelspiel	käuflich	Einkaufstasche	überspielen	Verkauf	

4 Streiche in jeder Zeile das Wort durch, das nicht mit den anderen verwandt ist.

Fangarm   Fänger   Gefängnis   festhalten   einfangen

backen   Bäcker   Gebäck   Torte   Backblech   Backofen

Maler   malen   Pinsel   Gemälde   Bemalung   Malkasten

5 Setze passende Wörter mit dem Wortstamm **ruf** ein.

anrufen • Anruf • Beruf • Anrufbeantworter • zurückrufen

Am liebsten rufe ich Leute an. Opa wartet sonntags auf meinen ______. Wenn er nicht zu Hause ist, spreche ich auf seinen ______ und er ______ ______. Während der Woche kann ich meinen Opa nicht ______, denn er hat einen ______, bei dem er sehr früh aufstehen muss. Da wünscht er abends keinen ______.

6 Finde Wörter mit den Wortstämmen **bau** und **bad**.
Unterstreiche die Wortstämme.

bau

bad

Wörterspiele

1 Lies laut. Unterstreiche in jedem Satz die Reimwörter.

Ein Fisch, so frisch, liegt unterm Tisch.
Mit ihren Nasen machen Hasen Seifenblasen.
In der Ecke kriecht die Schnecke auf die Decke.
In der Wiege liegt die Ziege mit der Fliege.
Im Sturm sitzt ein Wurm auf dem Turm.
Heute trägt sogar der Wal einen Schal aus dem Regal.

2 Entziffere die geheime Botschaft.

A	B	C	D	E	F	G	H	I	J	K	L	M
1	2	3	4	5	6	7	8	9	10	11	12	13

N	O	P	Q	R	S	T	U	V	W	X	Y	Z
14	15	16	17	18	19	20	21	22	23	24	25	26

1	3	8	20	21	14	7
A	C					

7	5	8	5	9	13

23	9	18

20	18	5	6	6	5	14

21	14	19

8	5	21	20	5

21	13

4	18	5	9

1	13

2	1	21	13

2	9	20	20	5

11	15	13	13

3 Schreibe verschlüsselte Botschaften an deine Freunde.

4 Bilde aus den Wörtern in jedem Rahmen einen Satz.
Verwende dabei nur Wörter mit dem gleichen Anfangsbuchstaben.

kauft Hanno Hasen Kim Kuchen hat	Burgen Katzen kecke Ben kratzen bei Brit bastelt Kinder	Kreisel Mia können mag kaufen Kinder Mäuse	fängt singt Fliegen Sven Frido Frosch Seifenopern

Kim kauft Kuchen.

5 Lies die Wörter richtig und möglichst schnell vor.

Gartenkinder Hausbaum Buchbilder Zeugspiel Wehrfeuer
Zaungarten Wurmohr Schüsselsalat Schirmlampen Ballfuß

6 Schreibe die Wörter mit Artikel richtig auf.

der Kindergarten,

Wortbausteine

1 Was macht Timo gern? Setze die passenden Wortbausteine ein.

aus • aus • aus • ein • ein • auf • aus • ab • zu • zu • mit • ver • an

ein Geschenk auspacken, Freunde laden,

lange bleiben, sich einen Wunsch denken,

den Puddinglöffel lecken, beim Fußball schauen,

allein kaufen, Preisausschreiben füllen,

bei Großen spielen, in den Ferien reisen,

seinen Opa rufen, Bilder malen,

wenn Erwachsene erzählen, hören

2 Schreibe auf, was du gern machst.
Wähle aus Aufgabe 1 oder finde eigene Beispiele.

Ich packe gern ein Geschenk aus.

3 Unterstreiche die Verben mit Wortbausteinen.
Zeichne zwischen Wortbaustein und Verb die Wortgrenze ein.

Die Heinzelmännchen sollen die Wohnung aufräumen,
den Tisch abdecken, die Tischdecke ausschütteln,
das Geschirr abwaschen, den Müll wegbringen,
die Wäsche aufhängen, den Garten umgraben
und Blumen einpflanzen.
Wenn wir überlegen, wird uns bestimmt
noch mehr Arbeit für sie einfallen.

4 Trage alle Wortbausteine und Verben getrennt ein.

Wortbausteine	**Verben**
auf, ab,	räumen, decken,

5 Finde Nomen mit diesen Wortbausteinen.

Un – fall
Un –
Un –

Ein –
Ein –
Ein –

Sätze

1 Verbinde passende Satzteile.

Die Clowns	zeigt	Einrad.
Kleine Ziegen	spielen	seinen Zylinder.
Akrobaten	springen	durch Reifen.
Der Zauberer	hüpft	Harmonika.
Ein Hase	klatschen	begeistert.
Alle Kinder	fahren	aus dem Zylinder.

2 Wähle vier Sätze und schreibe sie auf.

Die Clowns spielen Harmonika.

3 Verbinde die Satzteile zu Unsinnsätzen. Ergänze die Punkte.

Das dicke Schulbuch	schwimmt unter Wasser
Die nette Lehrerin	liegt in der Brotzeitdose .
Der gespitzte Bleistift	fliegt aus dem Fenster
Das blaue Schulheft	riecht nach Schokolade
Das schöne Lineal	esse ich auf

4 In jedem Satz ist ein Wort zu viel. Streiche es durch.

Martina isst gern ~~Nagel~~ Kuchen.
Wir wollen alle freundlich zueinander zusammen sein.
Im See Feld schwimmen Enten und Schwäne.
Wer kann leider schon toll rechnen?
In der Schule schreiben wir an im die Tafel.
Am Nachmittag spiele schwimme ich gern Fußball.

5 Trenne die Wörter ab und schreibe die Sätze richtig auf.
Achte auf die Groß- und Kleinschreibung und denke an den Punkt.

supermarkt|imderkauftvaterein

Der Vater

imeinkaufskorbobstundgemüseliegtviel

mutterdiekochtgesundeseinmittagessen

amnachmittagalleliegengartenimundschlafen

Kleine Texte schreiben

1 Kreuze das richtige Bild zum Text an.

Es hat eine Tür und drei Fenster.
Eine Familie wohnt darin.
Das Dach ist rot.
Davor ist ein Garten.
Auf der Wiese stehen zwei Bäume.

2 Schreibe einen Rätseltext zu einem der anderen Bilder.

Es hat eine Tür und

3 Kreuze die Stichwörter an, die zum Trampolin passen.

- [x] Sportgerät
- [ ] damit hupen
- [ ] ist rund
- [ ] steht auf Ständern
- [ ] hat ein Lenkrad
- [ ] Auspuff hinten

- [ ] ist eckig und rot lackiert
- [ ] hat ein Sprungtuch
- [ ] Fahrzeug
- [ ] darauf hüpfen
- [ ] fährt auf Rädern
- [ ] Netz außen herum

4 Beschreibe das Trampolin. Die angekreuzten Stichwörter helfen dir.

Das Trampolin ist ein S

5 Beschreibe den Kuchen auf dem Bild oder deinen Lieblingskuchen.

Farbe | schmeckt nach | ist verziert mit

Geschichten vorbereiten

1 Nummeriere die Textkästen in der richtigen Reihenfolge.

Wann?

☐ Er war an einem stürmischen Morgen im Herbst unterwegs.

Wer?

☐ 1 Felix war ein kleiner Junge mit einer coolen Mütze.

Wo?

☐ Durch den Park lief er zur Schule.

Was?

☐ Plötzlich blies der Wind seine Mütze auf einen Ast.

2 Schreibe die Geschichte ohne die Fragewörter in der richtigen Reihenfolge ab.

So ein Pech!

Felix

3 Welcher Kasten gehört zu welcher Frage?
Schreibe hinter jede Frage alle Stichwörter.

schaukeln, Eis im Sand	Anna, Mädchen, 7 Jahre alt	Spielplatz, Schaukel	Sommertag, heiß

Wer? Anna,

Wann?

Wo?

Was passiert?

4 Schreibe mit den Stichwörtern aus Aufgabe 3 eine kurze Geschichte.

Anna

Geschichten entwickeln

1 Was tun Max und Lena? Was passiert?
Kreuze an oder denke dir selbst etwas aus.

Was tun Max und Lena?

- ☐ Fußball spielen
- ☐ schwimmen gehen

Was passiert?

- ☐ Gewitter zieht auf
- ☐ Unfall passiert

2 Stelle dir genau vor, was Max und Lena erleben.
Male Bilder oder schreibe Stichwörter in die Rahmen.

1	2
3	4

3 Schreibe eine Geschichte über Max und Lena.

4 Überarbeite deine Geschichte. Kreuze an, was du erledigt hast.
Du kannst auch mit einem Partnerkind arbeiten.

Ich habe geprüft,

- ☐ ob der Text eine **Überschrift** hat.
- ☐ ob alle **Satzanfänge** großgeschrieben sind.
- ☐ ob alle **Nomen** großgeschrieben sind.
- ☐ ob nach jedem Satz ein **Satzzeichen** steht.
- ☐ ob ich **unterschiedliche Satzanfänge** benutzt habe.

Bildergeschichten aufschreiben

1 Schreibe neben jedes Bild einen passenden Satz.

fliegen • höher Hubschrauber • Schaukel	Lotte • Hubschrauber fliegen • neu • Garten
Planschbecken • landen Wasser • Lotte • Hubschrauber	rennen • Lotte Fernbedienung • hinterher

Lotte lässt

2 Ergänze die Stichpunkte zu den Bildern.

Tim, Computer,

3 Schreibe die Geschichte aus Aufgabe 2 auf.

Das spannende Computerspiel

Texte überarbeiten

1 Gleiche Satzanfänge klingen langweilig. Streiche sie durch. Ersetze sie durch unterschiedliche Satzanfänge.

Schnell | Auf einmal | Plötzlich | Traurig | …

Das Mädchen spielt im Hof mit einem neuen Ball.

Auf ~~Dann~~ rollt der Ball zum Hoftor hinaus.

Dann läuft das Mädchen hinterher.

Dann kommt ein Hund und beißt in den Ball.

Dann ruft das Mädchen: „Der schöne, neue Ball!"

2 Schreibe die Geschichte aus Aufgabe 1 mit den neuen Satzanfängen auf. Finde einen Namen für das Mädchen.

spielt im Hof
mit einem neuen Ball. Auf
einmal

3 Prüfe Satzanfänge, Nomen und Satzzeichen.
Finde die Fehler und markiere sie.

wenn ich spiele, stört mich manchmal der hund von nebenan
Gern beißt er in meinen wunderschönen ball.
gestern ist der neue Ball dabei mit einem lauten knall zerplatzt

4 Schreibe den Text ohne Fehler ab.

Wenn ich spiele,

5 Ersetze das Verb **essen** durch passende Verben.

schmatzen | schlecken | kauen | probieren | verspeisen

Hurra, ein Picknick. Wir ______ von allen Speisen ein bisschen.

„Nicht so laut ______!“, ruft Mama.

Wir ______ alles bis auf den letzten Krümel.

Zum Schluss ______ wir noch leckeres Eis.

Den Zahnputz-Kaugummi müssen wir ganz schön lange ______.

Informationen sammeln

1 Lies den Text über Honigbienen.
Unterstreiche zu jeder Frage die passende Antwort.

Honigbienen

In jedem Bienenvolk gibt es eine Königin,
viele Arbeiterinnen und einige Drohnen.
Die Drohnen sind die männlichen Bienen.
Die Arbeiterinnen bauen kleine Kammern aus Wachs.
Diese Kammern nennt man Waben.
Außerdem sammeln die Arbeiterinnen Nektar und
Blütenstaub aus Blüten. Aus Nektar entsteht später
der Honig. Die Königin ist die größte Biene.
Sie legt viele Eier in die Waben. Aus den Eiern
schlüpfen Larven. Nach etwa drei Wochen
verwandeln sich die Larven in Bienen.

1. Wie heißen männliche Bienen?
2. Wie heißen die kleinen Kammern aus Wachs?
3. Woraus entsteht der Honig?
4. Welche ist die größte Biene?
5. Wie lange dauert es, bis aus der Larve eine Biene wird?

2 Ergänze die Antworten auf die Fragen.

1. Männliche Bienen heißen Drohnen.
2. Die Kammern
3. Die größte Biene
4. Honig entsteht
5. Es dauert

3 Lies den Text. Schreibe kurze Antworten zu den Fragen.

Die Dinosaurier lebten vor vielen Millionen Jahren. Manche hatten Hörner, Panzer, messerscharfe Klauen und große Zähne. Unter ihnen waren Pflanzenfresser, die sich von Blättern, Zweigen und Gras ernährten, und Fleischfresser, die andere Tiere fraßen. Die Dinosaurier lebten auf dem Festland, nicht im Wasser oder in der Luft. Vor etwa 65 Millionen Jahren starben sie plötzlich aus. Bis heute kennt niemand den genauen Grund dafür.

Was fraßen die Pflanzenfresser?

Mussten die Dinosaurier schwimmen können?

Wann starben die Dinosaurier aus?

4 Überlege dir weitere Fragen zum Text.
Unterstreiche, wo du die Antworten dazu findest.

Wann lebten

Texte vortragen

1 Lies den Märchenanfang. Mache nach jedem Satzende einen Strich. Unterstreiche in jedem Satz die Wörter, die du beim Vorlesen betonen willst.

Rotkäppchen

Es war einmal ein kleines, süßes Mädchen,
das jeder lieb hatte.| Am allerliebsten aber
hatte es seine Großmutter. Einmal schenkte sie
ihm ein Käppchen aus rotem Samt.
Und weil es nichts anderes mehr tragen wollte,
hieß es von nun an Rotkäppchen.
Eines Tages sprach seine Mutter zu ihm:
„Komm, Rotkäppchen, da hast du ein Stück Kuchen
und eine Flasche Wein, bring das der Großmutter hinaus.
Sie ist krank. Sei artig und lauf nicht vom Weg ab.
Und wenn du in ihre Stube kommst,
so vergiss nicht guten Morgen
zu sagen, und guck nicht erst in allen Ecken herum."
„Ich will schon alles gut machen", sagte Rotkäppchen.

2 Übe, den Märchenanfang vorzutragen.
Bitte einen Zuhörer, dich zu beraten.

3 Markiere dir für den Vortrag der Verse die Pausen.
Unterstreiche die Wörter, die du betonen willst.

Rotkäppchen folgte der Mama, ging in den Wald hinein.
Da schlich der böse Wolf heran und sprach zum Kindelein:

„Sag Rotkäppchen, wo gehst du hin, ein Mädchen so allein?"
„Ich geh zu meiner Großmama und bring ihr Kuchen und Wein."

Der Wolf, er eilte ihr voraus und fraß die Großmama.
Er legte sich ins Bett hinein. Da war auch Rotkäppchen schon da.

4 Lerne die drei Verse auswendig und trage sie vor.

5 Ordne die passenden Antworten des Wolfs zu.

Damit ich dich besser sehen kann. Damit ich dich besser fressen kann.
Damit ich dich besser hören kann. Damit ich dich besser packen kann.

Ei, Großmutter, was hast du für große Ohren?

Damit ich dich

Ei, Großmutter, was hast du für große Augen?

Ei, Großmutter, was hast du für große Hände?

Aber, Großmutter, was hast du für ein entsetzlich großes Maul?

6 Übe das Gespräch zwischen Rotkäppchen und Wolf mit einem Partnerkind.

7 Wer spricht wie? Ordne die Stimmen zu.

ängstlich streng unheimlich fröhlich tief und freundlich

Mutter: streng

Rotkäppchen im Wald:

Wolf im Wald:

Rotkäppchen in Großmutters Stube:

Wolf in Großmutters Stube:

Einladungen

1 Zwei Sätze passen nicht zu einer Geburtstagseinladung.
Streiche sie durch.

Liebe Anna!
Ich lade Dich zu meinem Ritterfest ein. Es gibt Drachenblut und Arme Ritter. Alle sollen sich passend verkleiden. Indianer tragen Federn auf dem Kopf. Das Fest findet bei mir zu Hause statt. Die Adresse ist: Auf der Breite 9. Im Wald stehen viele Bäume. Am 3. August um 14 Uhr geht es los. Um 18 Uhr kannst Du abgeholt werden.
Viele Grüße! Dein Linus

2 Schreibe die Einladung von oben richtig auf.

Liebe Anna!

3 Denke dir eine Feier aus. Ergänze die Einladung.

Einladung zu

Anrede

Liebe

Einladung wozu

Ich lade Dich

Ort

Die Adresse ist:

Datum, Beginn

Ende

Grüße

4 Was darf man bei einer Einladung nicht vergessen? Kreuze an.

- [ ] Anrede
- [ ] Frisur
- [ ] Schultasche
- [ ] Uhrzeit
- [ ] Telefonbuch
- [ ] Adresse
- [ ] Datum
- [ ] Anlass
- [ ] Gruß

Steckbriefe und Diagramme

1 Bei jedem abgebildeten Kind fehlt etwas aus dem Steckbrief.
Vergleiche genau. Ergänze auf den Bildern, was fehlt.

Name: Tim
Haare: braun und kurz
Augen: blau
Merkmal: Brille
Lieblingskleidung: kurze Hosen und gestreiftes T-Shirt
Eigenschaft: oft gut gelaunt
Hobby: Fußball

Name: Paula
Haare: schwarz und Zöpfe
Augen: braun
Merkmal: Ohrringe
Lieblingskleidung: Blumenkleider
Eigenschaft: weiß viel
Hobby: Bücher

2 Ergänze den Steckbrief.

Name: Hakan
Haare: ______
Augen: ______
Merkmal: ______
Lieblingskleidung: ______
Eigenschaft: ______
Hobby: ______

3 Male eine Person. Schreibe den passenden Steckbrief.

Name:

Haare:

Augen:

Merkmal:

Lieblings-
kleidung:

Eigenschaft:

Hobby:

4 Zeichne ein Diagramm. Ein Kind = ein Kästchen.

Jungen	Mädchen	Brillen	Ohrringe	Kleider/Röcke	kurze Haare	Zöpfe

Bastelanleitungen

1 Ordne die Bastelanleitung für Papierhände.

Die Hand mit Fingerfarbe bestreichen.

Die gespreizte Hand fest auf ein weißes Papier drücken.

Du brauchst: Pinsel, Fingerfarbe, Papier, Stift, Schere.

Den Namen auf die Hand schreiben.

Die Hand ausschneiden.

Du brauchst: Pinsel,

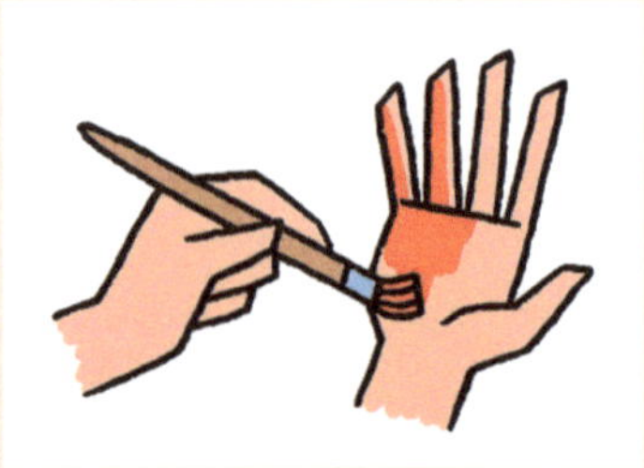

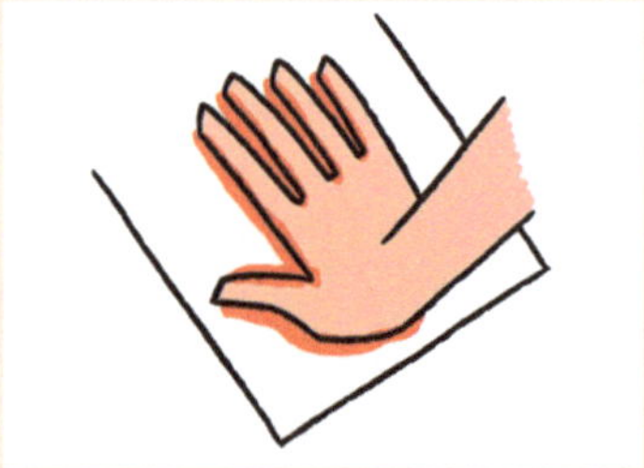

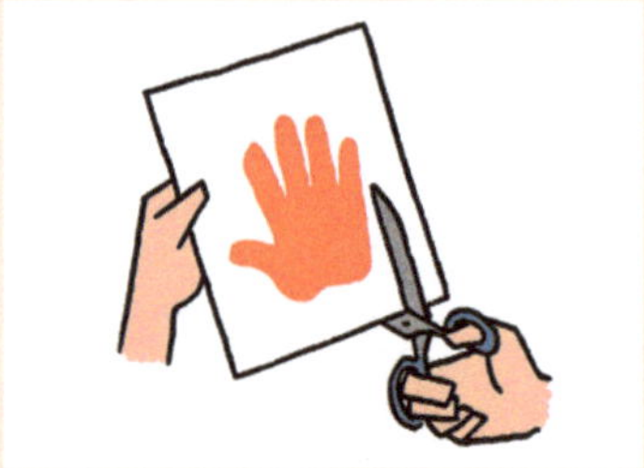

2 Nummeriere die Sätze der Bastelanleitung in der richtigen Reihenfolge.

☐ Schneide ein Stück Pappe aus – ein wenig größer als die Rolle.

☐ Klebe die bunte Rolle auf die Pappe. Nun kannst du Stifte hineinstellen.

☐ Du brauchst: 1 leere Toilettenpapierrolle, Pappe, Buntpapier, Klebestreifen, Schere

3 Kreuze nur die Sätze an, die zum Schmetterlingsbild passen.

- X Du brauchst: Papier, Wasserfarbe, Pinsel.
- ☐ Ein Streichholz in die Kastanie stecken.
- ☐ Blatt falten und wieder aufklappen.
- ☐ Farbkleckse in eine Blatthälfte malen.
- ☐ Einen Faden in die Nadel einfädeln.
- ☐ Blatt noch einmal falten und darüberstreichen.
- ☐ Beim Aufklappen erscheinen Schmetterlinge.

4 Schreibe die Bastelanleitung für ein Schmetterlingsbild.

Du brauchst: Papier,

Rezepte

1 Nummeriere die Rezeptschritte in der richtigen Reihenfolge.
Schreibe danach das Rezept auf.

☐ Äpfel schälen, raspeln und sofort in die Soße geben.

☐ auch Möhren schälen, raspeln und zu der Apfelsoße geben.

☐ alles gut durchrühren.

1 Zutaten: 2 Möhren, 2 Äpfel , 1 Teelöffel Zitronensaft, 1 Esslöffel Öl, 1 Esslöffel Wasser, 1 Esslöffel Zucker.

☐ aus Zitronensaft, Wasser, Zucker und Öl eine Soße anrühren.

Zutaten:

Zuerst

Danach

Anschließend

Zum Schluss

2 Leckerer Eistee!
Ergänze das Rezept.

Zutaten: 1 Liter Wasser, Saft von 4 Zitronen, 5 Esslöffel Zucker, 6 Beutel Früchtetee

Zuerst

Danach

Zum Schluss

3 Oh, lecker, Doppellutscher! Schreibe das Rezept auf.

Doppelkekse | Holzspieße | Gummibärchen | Glasur

Zuerst

Gedichte schreiben

1 Wähle eine Jahreszeit für ein Wortgedicht.
Schreibe die Buchstaben der Jahreszeit untereinander in die Kästchen.

S O M M E R

W I N T E R

2 Schreibe in jede Zeile ein Wort, das mit dem Buchstaben im Kästchen beginnt. Es soll zur Jahreszeit passen.
Diese Wörter können dir helfen:

Eiszapfen • Marienkäfer • Rauch • Raupe • Sonnenschein • Obst
Weihnachten • Iglu • Nikolaus • Tannenbaum • Eiskugeln • Mohnblumen

3 Ergänze das Frühlingsgedicht.

Frühlingslied *nach Ludwig Hölty*

Die Luft ist ______, das Tal ist ______

Die kleinen ______ blühn

Und Schlüsselblumen drunter;

______ ist schon so bunt

Und malt sich täglich ______.

4 Schreibe das Herbstgedicht zu Ende.

Blätterfall *von Erna Fritzke*

Langsam fällt jetzt Blatt für Blatt
von den bunten Bäumen ab.
Jeder Weg ist dicht besät
und es raschelt, wenn man geht.

Bunte Blätter

Botschaften schreiben und entschlüsseln

1 Schreibe das ABC auf der äußeren Scheibe zu Ende.

2 Entziffere die Wörter und schreibe sie auf.

AVALURVWM Totenkopf

ZJOHAGRHYAL

HBNLURSHWWL

OVSGILPU

NVSKZJOHAG

RSHIHBALYTHUU

3 Achte auf die Anfangsbuchstaben. Schreibe die Wörter.

Pirat

4 Wie heißt die Botschaft?

	P	I	R	A	T
P	A	B	C	D	E
I	F	G	H	I/J	K
R	L	M	N	O	P
A	Q	R	S	T	U
T	V	W	X	Y	Z

PP = A
PI = B
PR = C
PA = D
PT = E
und so weiter …

PA	PT	AI
D	E	R

AR	PR	IR	PP	AA	TT

IA	AR	AA

PP	AT	IP

PA	PT	RI

RI	PT	PT	AI	PT	AR	II	AI	AT	RR	PA.

1. Jo-Jo-Seite

1 Schreibe unter jedes Bild das passende Nomen.

Punkte 8 |

2 Ordne die Nomen aus Aufgabe 1 nach dem ABC.
Ordne zuerst Zeile 1, danach Zeile 2.

Punkte 8 |

3 Ergänze die Artikel **der**, **die** oder **das**.

Punkte 9 |

____ Brot	____ Koffer	____ Kind
____ Bett	____ Klasse	____ Hund
____ Name	____ Garten	____ Katze

4 Unterstreiche die Nomen in diesen Farben:
Menschen, Tiere, Pflanzen, Dinge.

Punkte 12 |

Auto	Katze	Mutter	Apfel	Hund	Mann
Kürbis	Fahrrad	Igel	Nuss	Bus	Kind

zu den Sprachbuchkapiteln 1–3:
Großschreibung von Nomen; ABC-Ordnung anwenden;
bestimmte Artikel zuordnen; Nomen nach Oberbegriffen ordnen

2. Jo-Jo-Seite

1 Setze die fehlenden Vokale ein.

Punkte 8

H _ f K _ nd B _ nk H _ ft

St _ rn T _ sch Br _ t H _ md

2 Schreibe die Nomen mit dem Artikel **der**, **die** oder **das** auf.

Punkte 8

3 Setze die Konsonanten am Wortanfang ein.
Schreibe die Nomen mit dem Artikel **ein** oder **eine** auf.

Punkte 5

_ latt _ eller _ atze _ aus _ aus

4 Ergänze die Anfangsbuchstaben der Nomen.
Du erhältst Reimwort-Drillinge.

Punkte 6

_ / _ / _ — ose

_ / _ / _ — opf

3. Jo-Jo-Seite

1 Ordne jedem Bild ein passendes Verb zu.

Punkte 6

schreiben
spielen
schlafen
arbeiten
schlecken
lesen

2 Setze die Verben aus Aufgabe 1 in der richtigen Form ein.

Punkte 6

Opa ______ im Garten.

Lisa ______ einen Brief.

Das Baby ______ ruhig im Wagen.

Sven ______ ein spannendes Buch.

Tom und Sabrina ______ Ball.

Ayshe ______ ein großes Eis.

3 Finde in jeder Zeile das Verb und unterstreiche es.

Punkte 3

OPA EIS BALL ESSEN BRIEF

BABY LESEN GARTEN BALL

BUCH EIS WAGEN SCHLAFEN

zu den Sprachbuchkapiteln 1–3:
Grundformen zu Bildern ordnen; flektierte Formen bilden und einsetzen; Verben und Nomen unterscheiden

4. Jo-Jo-Seite

1 Finde heraus, wo die Sätze enden.
Setze nach jedem Satzende einen Punkt.

Punkte 4

heute Nacht hat es endlich geschneit die Kinder freuen sich auf die erste Schlittenfahrt sie wollen auch einen Schneemann bauen er soll eine Mohrrübe als Nase bekommen

2 Schreibe den Text ab.
Überlege, worauf du achten musst.

Punkte 8

3 Ergänze die Sätze. Setze nach jedem Satzende einen Punkt.

Punkte 6

heute   malen   ein Bild

Die Kinder

Die Kinder

Die Kinder

5. Jo-Jo-Seite

1 Setze die Wörter richtig in den Text ein.

Punkte 5

Baumhaus • Astgabel • Waldrand • Holzleiter • Spielplatz

Achmet hat sich ein ______ gebaut.

Es ist hinter dem Dorf am ______.

Das Baumhaus ist in eine dicke ______ gebaut.

Er erreicht es über eine ______.

Bei Regen ist dort für ihn der gemütlichste ______.

2 Zerlege die Nomen aus Aufgabe 1 in ihre Bestandteile:
das Baumhaus = der Baum + das …

Punkte 5

3 Markiere in jedem Wort den Doppellaut:
au = grün, ei = rot, eu = gelb.

Punkte 16

Baum Schwein Feuer Haus zeigen

laut Teufel Pause heiß schreiben kaufen

Freude Maus leise Weihnachten fein

nein neu Frau weiter Raupe Leute

zu den Sprachbuchkapiteln 4–6:
zusammengesetzte Nomen in Lückentext einsetzen;
zusammengesetzte Nomen trennen; Zwielaute erkennen

6. Jo-Jo-Seite

1 Schreibe zu jedem Nomen die Mehrzahl. Punkte 8

das Buch		der Kopf	
die Hand		das Haus	
der Garten		die Puppe	
das Schiff		das Spiel	

2 Schwinge die Wörter. Setze Silbenbögen. Punkte 8

Buch	Hände
Garten	Schiff
Köpfe	Haus
Spiel	Puppe

3 Immer zwei Nomen gehören zusammen.
Schreibe die zusammengesetzten Nomen mit dem Artikel auf. Punkte 4

Haus · Apfel · Schnee · Segel

Ball · Schiff · Tür · Kuchen

7. Jo-Jo-Seite

1 Setze **Sp/sp** oder **St/st** richtig ein. Punkte 10

das ___iel ___ringen die ___adt ___ehen der ___ein

___ät der ___ort ___ecken ___itz der ___ern

2 Welche Wortbausteine passen zu **suchen**?
Schreibe die neuen Verben auf. Punkte 6

be an über aus ein ver durch ob unter

suchen

3 Setze das Verb **suchen** mit
den passenden Wortbausteinen ein. Punkte 5

Papa will sein Glück beim Lotto ___.

Der Kommissar wird den Diebstahl ___.

Am Sonntag werde ich meine Tante ___.

Ich darf mir im Buchladen ein Buch ___.

Jemand hat meinen Schreibtisch ___.

zu den Sprachbuchkapiteln 7–9:
Wörter mit Sp/sp und St/st richtig schreiben;
Verben mit Vorsilben bilden und in Sätzen verwenden

8. Jo-Jo-Seite

1 Suche alle Wörter mit **ie**. Markiere **ie**.

Punkte 8

Heute ist ein warmer Frühlingstag.
Auf der großen Wiese im Park spielen viele Kinder.
Ein dicker Mann liegt im Liegestuhl und liest Zeitung.
Die alte Frau auf der Bank sieht den Kindern zu.

2 Lies den Text aus Aufgabe 1.
Beantworte die Fragen in kurzen Sätzen.

Punkte 4

Wie ist der Tag?

Wie ist die Wiese?

Wie ist der Mann?

Wie ist die Frau?

3 Verbinde die Gegensatzpaare.

Punkte 8

dünn warm jung klein groß alt kalt dick

fröhlich langsam leer weit schnell voll nah traurig

4 Schreibe die Gegensatzpaare aus Aufgabe 3 auf.

Punkte 8

9. Jo-Jo-Seite

1 Unterstreiche zusammengehörende Wörter jeweils in der gleichen Farbe: spielen, essen, laufen.

Punkte 20 |

Spielerin	laufend	essbar	Spielplatz	Esstisch
verlaufen	Würfelspiel	Laufband	Spielzeug	gegessen
Essecke	spielerisch	Esslöffel	Läufer	Mittagessen
Ballspiel	Essenszeit	auslaufen	vorspielen	Wettlauf

Punkte 20 |

2 Schreibe die Wörter geordnet auf.

spielen:

essen:

laufen:

Punkte 3 |

3 In jeder Reihe passt ein Wort nicht dazu. Markiere es.

anhalten	Halt	helfen	Haltestelle	haltbar	halten
finden	fahren	erfinden	findig	auffinden	Erfindung
fallen	Falltür	auffallen	Unfall	falten	umfallen

zu den Sprachbuchkapiteln 7–9:
Wortfamilien finden und geordnet aufschreiben;
Adjektive von Nomen und Verben unterscheiden

10. Jo-Jo-Seite

1 **d** oder **t**, **g** oder **k**? Schreibe zuerst die Mehrzahl und dann die Einzahl auf.

Punkte 12

2 **b** oder **p**? Verlängere die Verben.

Punkte 12

er lie___t – wir

sie schrei___t – wir

sie hu___t – wir

er ü___t – wir

er le___t – wir

sie blei___t – wir

11. Jo-Jo-Seite

1 Zeichne die Silbenbögen unter die Wörter.

Punkte 19 |

Es streicht ein warmer Sommerwind
durch Gräser, Blüten, Blätter.
Er schiebt die Regenwolken fort
und bringt uns gutes Wetter.

Wolfgang Spode

2 Setze die passenden doppelten Konsonanten ein.

Punkte 4 |

nn pp ss tt

Mu / Bu / We — ___ er

So / Ta / Ka — ___ e

Se / Rü / Schlü — ___ el

Su / Tre / Li — ___ e

3 Schreibe die Nomen aus Aufgabe 2 mit Artikel auf.

Punkte 12 |

zu den Sprachbuchkapiteln 10–12:
Wörter in Silben gliedern; doppelte Mitlaute einsetzen;
Wörter mit doppeltem Mitlaut schreiben

12. Jo-Jo-Seite

1 Lies den Text aufmerksam.
Kreuze bei jeder Frage die richtige Antwort an.

Punkte 3

Paul sitzt traurig auf dem Bett.
Er streichelt seine braune Katze Minka.
Vater trägt den großen, blauen Koffer zum Auto.
Pauls Schwester Lisa packt Brote in einen Korb.
„Nun schau nicht so traurig, Paul", tröstet ihn Mama.
„Minka ist doch gut versorgt." Und Lisa sagt:
„Außerdem brauchen Katzen keinen Urlaub."
Alle steigen in das große, rote Auto und fahren los.
Nach einer Weile raschelt es im Kofferraum.
Vater bremst und alle drehen sich erstaunt um.
Da sehen sie Minka im Kofferraum herumklettern.
Paul ruft: „Katzen brauchen doch Urlaub!"

Wie heißt Pauls Katze?		Wer ist Lisa?		Wo taucht Minka am Ende der Geschichte auf?	
Lisa		Pauls Mutter		im Garten	
Minka		Pauls Schwester		im Esskorb	
Hasso		Pauls Cousine		im Kofferraum	

2 Lies genau im Text nach.
Male in den richtigen Farben an.

Punkte 3

Kontrollblätter zu den Jo-Jo-Seiten

1. Jo-Jo-Seite

1 Schreibe unter jedes Bild das passende Nomen. Punkte 8

Heft	Buch	Lineal	Tisch

Tafel	Eis	Apfel	Puppe

2 Ordne die Nomen aus Aufgabe 1 nach dem ABC.
Ordne zuerst Zeile 1, danach Zeile 2. Punkte 8

Buch, Heft, Lineal, Tisch
Apfel, Eis, Puppe, Tafel

3 Ergänze die Artikel **der**, **die** oder **das**. Punkte 9

das	Brot	der	Koffer	das	Kind
das	Bett	die	Klasse	der	Hund
der	Name	der	Garten	die	Katze

4 Unterstreiche die Nomen in diesen Farben:
Menschen, Tiere, Pflanzen, Dinge. Punkte 12

Auto	Katze	Mutter	Apfel	Hund	Mann
Kürbis	Fahrrad	Igel	Nuss	Bus	Kind

2. Jo-Jo-Seite

1 Setze die fehlenden Vokale ein. Punkte 8

Hof	Kind	Bank	Heft
Stern	Tisch	Brot	Hemd

2 Schreibe die Nomen mit dem Artikel **der**, **die** oder **das** auf. Punkte 8

der Hof, das Kind, die Bank,
das Heft, der Stern, der Tisch,
das Brot, das Hemd

3 Setze die Konsonanten am Wortanfang ein.
Schreibe die Nomen mit dem Artikel **ein** oder **eine** auf. Punkte 5

Blatt Teller Katze Haus Maus

ein Blatt, ein Teller, eine Katze,
ein Haus, eine Maus

4 Ergänze die Anfangsbuchstaben der Nomen.
Du erhältst Reimwort-Drillinge. Punkte 6

D / R / H – ose

T / K / Z – opf

3. Jo-Jo-Seite

1 Ordne jedem Bild ein passendes Verb zu. Punkte 6

arbeiten	lesen	schreiben

schlafen	spielen	schlecken

schreiben
spielen
schlafen
arbeiten
schlecken
lesen

2 Setze die Verben aus Aufgabe 1 in der richtigen Form ein. Punkte 6

Opa arbeitet im Garten.
Lisa schreibt einen Brief.
Das Baby schläft ruhig im Wagen.
Sven liest ein spannendes Buch.
Tom und Sabrina spielen Ball.
Ayshe schleckt ein großes Eis.

3 Finde in jeder Zeile das Verb und unterstreiche es. Punkte 3

OPA	EIS	BALL	ESSEN	BRIEF
BABY	LESEN	GARTEN	BALL	
BUCH	EIS	WAGEN	SCHLAFEN	

4. Jo-Jo-Seite

1 Finde heraus, wo die Sätze enden.
Setze nach jedem Satzende einen Punkt. Punkte 4

heute Nacht hat es endlich geschneit. die Kinder freuen sich auf die erste Schlittenfahrt. sie wollen auch einen Schneemann bauen. er soll eine Mohrrübe als Nase bekommen.

2 Schreibe den Text ab.
Überlege, worauf du achten musst. Punkte 8

Heute Nacht hat es endlich
geschneit. Die Kinder freuen sich
auf die erste Schlittenfahrt. Sie
wollen auch einen Schneemann
bauen. Er soll eine Mohrrübe als
Nase bekommen.

3 Ergänze die Sätze. Setze nach jedem Satzende einen Punkt. Punkte 6

heute   malen   ein Bild

Die Kinder malen.
Die Kinder malen heute.
Die Kinder malen heute ein Bild.

Kontrollblätter zu den Jo-Jo-Seiten

5. Jo-Jo-Seite

1 Setze die Wörter richtig in den Text ein. Punkte 5

Baumhaus • Astgabel • Waldrand • Holzleiter • Spielplatz

Achmet hat sich ein Baumhaus gebaut.

Es ist hinter dem Dorf am Waldrand.

Das Baumhaus ist in eine dicke Astgabel gebaut.

Er erreicht es über eine Holzleiter.

Bei Regen ist dort für ihn der gemütlichste Spielplatz.

2 Zerlege die Nomen aus Aufgabe 1 in ihre Bestandteile: Punkte 5
das Baumhaus = der Baum + das …

das Baumhaus = der Baum + das Haus
der Waldrand = der Wald + der Rand
die Astgabel = der Ast + die Gabel
die Holzleiter = das Holz + die Leiter
der Spielplatz = das Spiel + der Platz

3 Markiere in jedem Wort den Doppellaut: Punkte 16
au = grün, ei = rot, eu = gelb.

Baum Schwein Feuer Haus zeigen
laut Teufel Pause heiß schreiben kaufen
Freude Maus leise Weihnachten fein
nein neu Frau weiter Raupe Leute

6. Jo-Jo-Seite

1 Schreibe zu jedem Nomen die Mehrzahl. Punkte 8

das Buch	die Bücher	der Kopf	die Köpfe
die Hand	die Hände	das Haus	die Häuser
der Garten	die Gärten	die Puppe	die Puppen
das Schiff	die Schiffe	das Spiel	die Spiele

2 Schwinge die Wörter. Setze Silbenbögen. Punkte 8

Buch Hände
Garten Schiff
Köpfe Haus
Spiel Puppe

3 Immer zwei Nomen gehören zusammen. Punkte 4
Schreibe die zusammengesetzten Nomen mit dem Artikel auf.

Haus Apfel Schnee Segel
Ball Schiff Tür Kuchen

die Haustür, der Apfelkuchen,
der Schneeball, das Segelschiff

7. Jo-Jo-Seite

1 Setze Sp/sp oder St/st richtig ein. Punkte 10

das Sp iel sp ringen die St adt st ehen der St ein
sp ät der Sp ort st ecken sp itz der St ern

2 Welche Wortbausteine passen zu suchen? Punkte 6
Schreibe die neuen Verben auf.

be an über aus ein ver durch ob unter
suchen

besuchen, aussuchen, versuchen,
durchsuchen, untersuchen

3 Setze das Verb suchen mit Punkte 5
den passenden Wortbausteinen ein.

Papa will sein Glück beim Lotto versuchen.

Der Kommissar wird den Diebstahl untersuchen.

Am Sonntag werde ich meine Tante besuchen.

Ich darf mir im Buchladen ein Buch aussuchen.

Jemand hat meinen Schreibtisch durchsucht.

8. Jo-Jo-Seite

1 Suche alle Wörter mit ie. Markiere ie. Punkte 8

Heute ist ein warmer Frühlingstag.
Auf der großen Wiese im Park spielen viele Kinder.
Ein dicker Mann liegt im Liegestuhl und liest Zeitung.
Die alte Frau auf der Bank sieht den Kindern zu.

2 Lies den Text aus Aufgabe 1. Punkte 4
Beantworte die Fragen in kurzen Sätzen.

Wie ist der Tag? Der Tag ist warm.

Wie ist die Wiese? Die Wiese ist groß.

Wie ist der Mann? Der Mann ist dick.

Wie ist die Frau? Die Frau ist alt.

3 Verbinde die Gegensatzpaare. Punkte 8

dünn warm jung klein alt groß kalt dick

fröhlich langsam leer weit schnell voll nah traurig

4 Schreibe die Gegensatzpaare aus Aufgabe 3 auf. Punkte 8

dünn – dick, warm – kalt,
klein – groß, alt – jung,
fröhlich – traurig, leer – voll,
schnell – langsam, nah – weit

Kontrollblätter zu den Jo-Jo-Seiten

9. Jo-Jo-Seite

1 Unterstreiche zusammengehörende Wörter jeweils in der gleichen Farbe: spielen, essen, laufen. Punkte 20

Spielerin	laufend	essbar	Spielplatz	Esstisch
verlaufen	Würfelspiel	Laufband	Spielzeug	gegessen
Essecke	spielerisch	Esslöffel	Läufer	Mittagessen
Ballspiel	Essenszeit	auslaufen	vorspielen	Wettlauf

2 Schreibe die Wörter geordnet auf. Punkte 20

spielen: Spielerin, Spielplatz, Würfelspiel, Spielzeug, spielerisch, Ballspiel, vorspielen

essen: essbar, Esstisch, gegessen, Essecke, Esslöffel, Mittagessen, Essenszeit

laufen: laufend, verlaufen, Laufband, Läufer, auslaufen, Wettlauf

3 In jeder Reihe passt ein Wort nicht dazu. Markiere es. Punkte 3

anhalten	Halt	helfen	Haltestelle	haltbar	halten
finden	fahren	erfinden	findig	auffinden	Erfindung
fallen	Falltür	auffallen	Unfall	falten	umfallen

10. Jo-Jo-Seite

1 d oder t, g oder k? Schreibe zuerst die Mehrzahl und dann die Einzahl auf. Punkte 12

die Berge – der Berg
die Kleider – das Kleid
die Hüte – der Hut
die Bänke – die Bank
die Bilder – das Bild
die Könige – der König

2 b oder p? Verlängere die Verben. Punkte 12

er lie b t – wir lieben
sie schrei b t – wir schreiben
sie hu p t – wir hupen
er ü b t – wir üben
er le b t – wir leben
sie blei b t – wir bleiben

11. Jo-Jo-Seite

1 Zeichne die Silbenbögen unter die Wörter. Punkte 19

Es streicht ein warmer Sommerwind
durch Gräser, Blüten, Blätter.
Er schiebt die Regenwolken fort
und bringt uns gutes Wetter.

Wolfgang Spode

2 Setze die passenden doppelten Konsonanten ein. Punkte 4

nn pp ss tt

Mu / Bu / We – tt – er
So / Ta / Ka – nn – e
Se / Rü / Schlü – ss – el
Su / Tre / Li – pp – e

3 Schreibe die Nomen aus Aufgabe 2 mit Artikel auf. Punkte 12

die Mutter, die Butter, das Wetter
die Sonne, die Tanne, die Kanne
der Sessel, der Rüssel, der Schlüssel
die Suppe, die Treppe, die Lippe

12. Jo-Jo-Seite

1 Lies den Text aufmerksam.
Kreuze bei jeder Frage die richtige Antwort an. Punkte 3

Paul sitzt traurig auf dem Bett.
Er streichelt seine braune Katze Minka.
Vater trägt den großen, blauen Koffer zum Auto.
Pauls Schwester Lisa packt Brote in einen Korb.
„Nun schau nicht so traurig, Paul", tröstet ihn Mama.
„Minka ist doch gut versorgt." Und Lisa sagt:
„Außerdem brauchen Katzen keinen Urlaub."
Alle steigen in das große, rote Auto und fahren los.
Nach einer Weile raschelt es im Kofferraum.
Vater bremst und alle drehen sich erstaunt um.
Da sehen sie Minka im Kofferraum herumklettern.
Paul ruft: „Katzen brauchen doch Urlaub!"

Wie heißt Pauls Katze?		Wer ist Lisa?		Wo taucht Minka am Ende der Geschichte auf?	
Lisa		Pauls Mutter		im Garten	
Minka	X	Pauls Schwester	X	im Esskorb	
Hasso		Pauls Cousine		im Kofferraum	X

2 Lies genau im Text nach.
Male in den richtigen Farben an. Punkte 3